Pul*s*frequenz

Heike Puls

Impressum

© Copyright by Heike Puls, Berlin 2017
Alle Rechte vorbehalten
Herausgegeben von: Heike Puls
info@promediendesign.de
www.promediendesign.de
Umschlaggestaltung und Layout: H. Puls
Buchsatz: Stephanie Mattner
Herstellung und Verlag:
BoD - Books on Demand, Norderstedt
ISBN: 978-3-7431-5964-8

Für jeden periodischen Vorgang
in der Natur und im Alltag
kann eine Frequenz angegeben werden.
Der Tag- und Nacht Wechsel wiederholt sich
beispielsweise mit einer Frequenz von: 1/24,
das entspricht ungefähr 10 Hz.

Das menschliche Herz
hat im ruhenden Körper eine Pulsfrequenz
von 50 bis 90 Schlägen pro Minute.
Meine beträgt im Moment 75.

Schwingende Lyrik

Ich-Sequenz 13

Atmen 15

Im April 21

Moment 23

Alter(s)Zeit 29

Nachtgeflüster 37

Lyrische Mathematik 51

Liebespaar 53

Vermissen 59

Leer 69

Schwingung 78

Unbeschwert 79

Pulsierende Erzählungen

Pulsfrequenz 9

Nullpunkt 17

Dialog im Garten 25

Alltagsfrequenz 31

Kunst lauscht Sprache 39

Käsekrümel aus Italien 55

Leben und Tod 61

Morgen wird alles anders 71

Schaum-Traum 81

Haus 83

Pulsfrequenz

Ich mag den Morgen, wenn er erwacht, wenn die Vögel in den Bäumen sitzen und sich über ihre Nachterlebnisse austauschen.
Ich mag den Abend, wenn er den Tag bedächtig auf die andere Seite der Weltkugel schiebt. Ich schlafe nachts. Ich bin am Tage wach. Mein Herzschlag hat einen gleichmäßigen Rhythmus.
Nur manchmal, da verwirren mich meine Frequenzen oder die der Natur. Kennen Sie das?
Sie bleiben stehen, obwohl Sie weiter gehen müssten. Sie schauen. Sie denken nach. Sie betrach-ten. Sie schreiben. Sie lesen. Sie staunen. Sie schla-fen. Oder. Oder? Ein Impuls hat Sie erreicht. Sie wollen ihm folgen. Schleichen oder rennen der ausgelösten Schwingung hinterher. Tun Sie nicht?

Ich habe heute meinen Mann bei seiner Tochter einquartiert. Er hat nicht protestiert, wie Sie vielleicht denken. Nein. Im Gegenteil. Mir fiel der Abschied schwer. Ich komme mir egoistisch vor.
Er hat mich fest umarmt, die Familie hat mir Erfolg gewünscht.
Ein wunderbares Gefühl von Liebe und Dankbarkeit empfinde ich, als ich unsere gemütliche Wohnung betrete. Mit leiser Musik im Hintergrund denke ich an mein Vorhaben und lasse mir ein Bad ein.
Der Duft von Orangen zieht durch die Räume. Das Wasser ist noch zu heiß, also setze ich mich vor den Laptop und schreibe das Vorwort. Kurz und knapp soll es werden. Ein Einstieg in mein Projekt. In Geschichten, Gedichte und szenische Abrisse. Entstanden aus Fantasie und Wirklichkeit über die letzten zehn Jahre. Geschrieben in guten wie in schlechten Zeiten, in Freude und in Trauer.
Das Telefon ist ausgeschaltet, die Türklingel

abgestellt. Ich habe drei Tage Zeit, das zu über-arbeiten, was ich längst in der Schublade habe. Mein Projekt, das Buch. Mein Buchprojekt. Heute freue ich mich. Meine eigene Begeisterung für gehaltvolle Texte ermutigt mich. Ich fühle, ich habe etwas mitzuteilen. Was, erfahren Sie auf den nächsten Seiten.

Ich hoffe, Sie schwingen in Ihren eigenen Frequenzen, Ihren Gedanken.

Ich freue mich, Sie anzuregen, Ihnen einen weit schwingenden (Im)Puls zu geben.

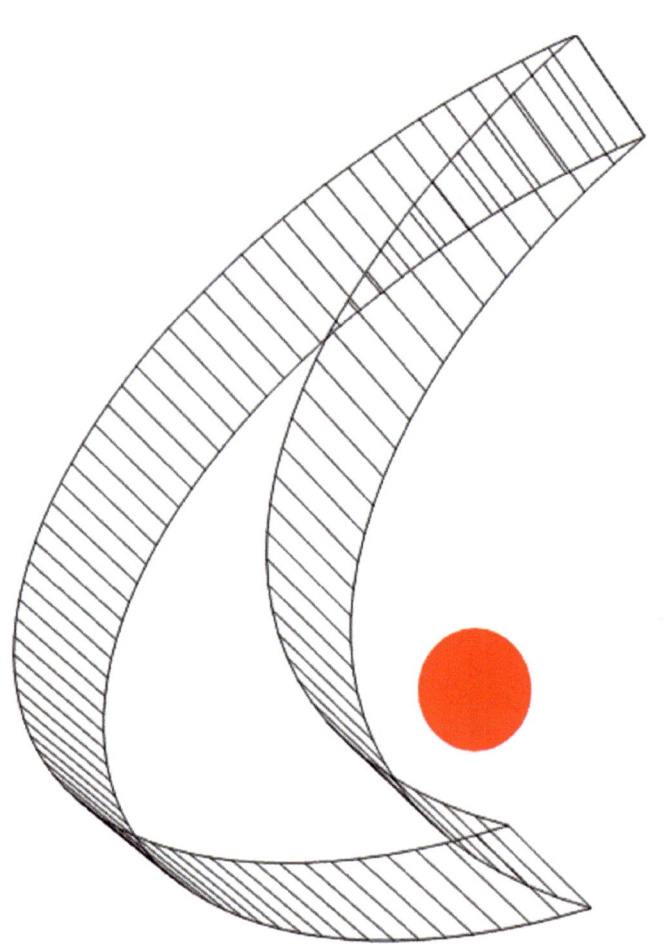

Ich-Sequenz

Meine Augen sind geschlossen.
Ich spüre Anspannung.
Meine Gedanken sind nicht frei.
Ich schmecke Salz, lächele.

Stunden später: Rauchkringel
Umhüllen mich, entschweben wie ich.
Nichts ist mehr wichtig.
Kein Zwang, nur Sein.
Ich fang an zu lachen.
Lass mich fallen;
atemlos, unbesorgt wie ein Kind.

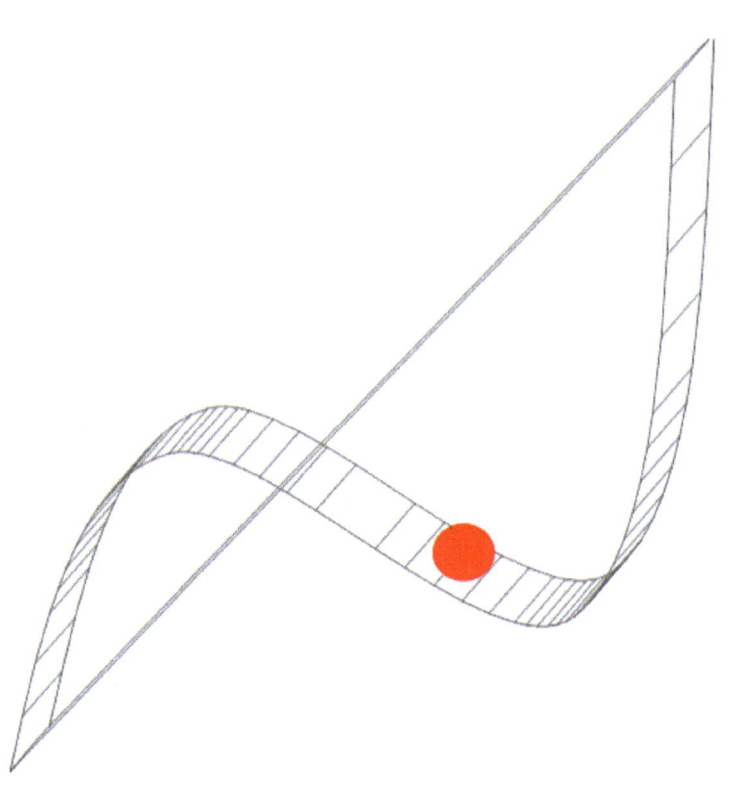

ATMEN

Ich liebe, was mich umgibt.
Sehe in den Himmel und atme tief ein.

Zufriedenheit.
Mein Körper ist ruhig, genießt den Augenblick.

Nichts, was mich verwirrt.
Nichts, nach dem ich verlange.
Für Sekunden herrscht Stille.

Lautes Ausatmen voller Hingabe.
Herrliche Belebung meiner Sinne.
Ich bin frei, ich atme das Leben.

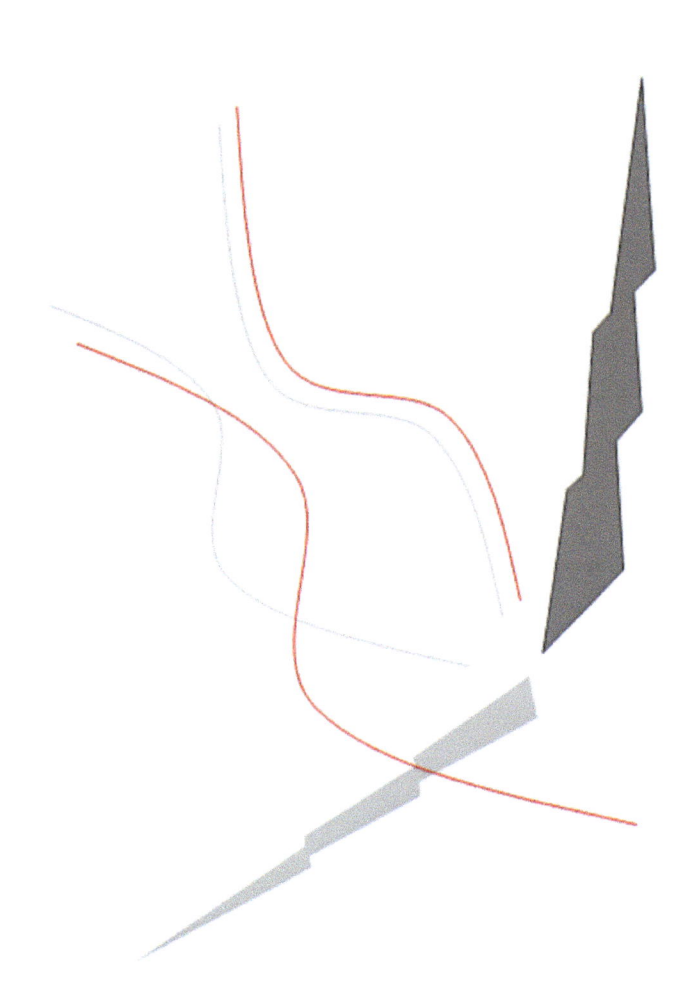

Nullpunkt

Der Strand menschenleer.
Brotkrumen fliegen durch die Luft. Bizarres Geschrei verwegener Piloten verfolgt mich. Das Meer vor mir liegt unter einer weißen Decke in tiefem Schlaf versunken.
Ich laufe. Versuche, der Möwenscheiße zu entkommen. Die Geister, die ich rief, werde ich nicht los. Die Sonne versteckt sich hinter grauen Schleier-wolken. Mir kriecht trotz warmer Kleidung Kälte in die Glieder. Im Februar sieht es an der Ostsee besonders verlassen aus. Nichts deutet darauf hin, dass sich hier im Sommer Hunderte von Menschen im Sand tummeln.
Schnee bedeckt die unendliche Weite dieses Ortes. Kleine Eisberge und Schollenkrusten türmen sich aufeinander. Es gibt keine sichtbare Wassergrenze. Nur ganz weit draußen lässt sich Bewegung erahnen. Eine bizarre

Landschaft, sie fesselt mich. Stehe ich auf festem Boden oder auf dem Wasser?

Die Hand lose vor den Mund haltend, laufe ich durch die unwirklich aussehende Landschaft. Die Schollen knacken unter meinem Gewicht. Flüssigkeit tropft aus meiner Nase, bleibt an meiner Oberlippe gefrierend kleben.

Keine Kondition, denke ich. Eine schlechte Voraus-setzung für einen Marsch bei 15 Grad unter Null.

Eine tote Möwe. Eingefroren mit offenem Schnabel. Sie sieht aus wie ein Ausstellungsstück im Naturkundemuseum. Ich betrachte sie eingehend.

Die Natur ist erbarmungslos. Wir Menschen nicht besser denke ich, und beginne in Richtung Land zu hüpfen, um mich warm zu halten. Meine Gedanken kreisen um die Möwe. Um Leben und Tod. Was mache ich hier allein? Als ich gegen zehn Uhr morgens mein kleines Häuschen verließ, schien ein bisschen die Sonne. Der Wind war heftig und eiskalt. Zwei Stunden später sitze ich im Warmen und schreibe. Der Himmel ist dunkel, als wäre es Nacht. Ein handfester Schneesturm zieht auf. Wind bläst eisige Flocken durch den Wald. Ich koche mir Tee, beobachte dabei das Schneetreiben aus dem Küchenfenster. Ich empfinde eine tiefe Zufriedenheit. Es hat Spaß gemacht zu laufen. Ich fühle mich nicht wie Robinson auf einer einsamen Insel, aber es könnte so sein. Allein mit sich zu sein ist schwer. Seinen Tag zu gestalten. Auf sich selbst Rücksicht zu nehmen. In sich nachzuspüren, worauf man gerade Lust hat, was man jetzt tun möchte. Ich wollte heraus finden, wie es mir ergeht, auch wenn ich über mehrere Tage mit niemandem spreche.

Was gibt es Schöneres als hier im Warmen zu sitzen und aus dem Fenster zu schauen. Gedanken aufzuschreiben, keine Dinge erledigen zu müssen. Hier habe ich nur eine Verpflichtung: mich um mich selbst zu küm-

mern, meinen Gelüsten zu frönen.
Niemand sonst wohnt hier. Die drei Strandhäuser unweit meinem stehen starr unter ihrem Schneemantel. Es ist, wie eine andere Welt. Ich stelle mich ihr. Ein Selbstversuch. Wirklich ganz für sich zu sein. Kein Telefon, kein Internet, kein Fernseher. Keine Zivilisation im näheren Umfeld. Nichts, was mich ablenkt, was mich in Anspruch nehmen könnte. Nur ich und die Natur. Einige Stunden später scheint wieder die Sonne. Der Himmel ist klar und wolkenlos. Ich möchte noch mal rausgehen. Das Blau am Horizont lockt mich. Die Baumwipfel schwingen sacht unter der Last des frischen Schnee's. Ich stelle mich vor eine Kiefer, direkt in einen Sonnstrahl, und blinzle in den Himmel. Warm, denke ich und vernehme eine Vogelstimme. Ihr durch den Wald folgend laufe ich zum Meer.

Im April

Schmetterlinge.
Tief in meinem Bauch.
Ich kann sie hören,
sie leben langsam auf.

Zaghaft windend, sich entfaltend,
auf Adern und Gefäßen haltend.
Durcheinander fallend, wenn ich lache.
Verhallend, wenn ich Kopfstand mache.

Ich kann sie fühlen beim Bewegen,
wie graziös sie durch die Lüfte schweben.
So samtig zart, zerbrechlich, filigran.
Schmetterlinge ich freue mich daran.

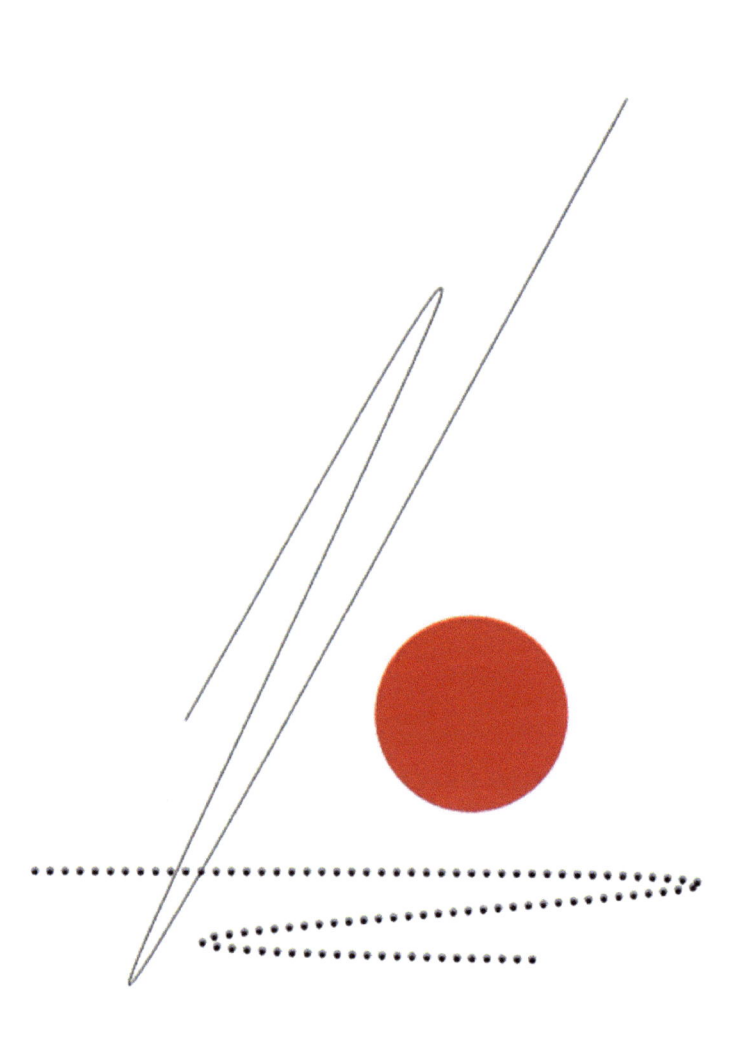

Moment

Des Tages Arme sich sanftmütig legen;
der starke Körper der Nacht wird sie hegen.

Blumenkelche sich bedacht verschließen;
perlender Tausaft wird sie am Morgen gießen.

Sonnenstrahlen sich schweigend senken;
kühlender Mond wird sie glorreich bedenken.

Der Menschen Glück sich wohlwollend niederlässt;
liebender Moment Jetzt hält sie fest.

Dialog im Garten

»Wie fühlst du dich?«, fragte sie, ihre Hand auf die seine legend. Sekunden vergingen.
Der Mann sog an seinem Zigarillo. Rauch entwich seinem Mund. Er schaute ihm nach, um dann auf die Hand zu blicken, die eben seinen Handrücken bedeckte. Schön war sie. Alt und warm. Die Wärme ihrer Hand verband sich mit Zärtlichkeit, die durch seinen Körper strömte. Franz hob den Kopf.
Elisabeth hatte ihn vor dreiundsechzig Jahren geheiratet, vor vierzig Jahren verlassen. Durch ihr Gesicht zogen viele weiche Senken. Am unteren Rand ihres rechten Auges zuckte es leicht. Wahrscheinlich rührte dies von der Anspannung her. Das Wasserblau ihrer Iris leuchtete. Sie besaß immer noch den Glanz, den er so mochte. Ja, er liebte diese Frau. Damals wie heute.

Er fühlte sich glücklich und das sagte er ihr.
»Ich bin froh, dass wir jetzt hier zusammensitzen. Sehr froh.«
Er drückte ihre Hand, sah sie liebevoll an.
Lächelnd erwiderte sie seinen Händedruck.
Schweigend saßen sie vor dem gemeinsam erbauten Haus auf der Gartenbank.
»Elisabeth«, murmelte Franz mit Blick in den Garten. »Sieh dir nur die Bäume an. Sie sind so hoch und dicht gewachsen, dass kaum noch die Waldkante hinter dem Feld zu sehen ist.«
Die Frau schaute in die Wipfel, nickte still. Sie betrachtete Franz von der Seite; blickte ihm sanftmütig und wissend zugleich in die Augen.
»Ein Baum braucht Licht. Entfaltungsmöglichkeit. Gesunden Boden, Wasser. Der Baum muss seine Wurzeln ausstrecken können und wachsen. Dann, eines Tages, wird er im Sonnenlicht glänzen, jeder Naturgewalt trotzen. Er wird sich im Gesang des Windes wiegen,

die Zweige voller Leben. Vögel, Ameisen, Eichhörnchen werden in die Wipfel klettern. Springen, toben, krabbeln und ja bestimmt wird dieser Baum viele Jahrzehnte erleben.«
Nach einer kurzen Pause fügte sie andächtig hinzu:
»Wenn..., wenn es jemanden gibt, der ihn hegt und pflegt, wie es der Natur eines Baumes entspricht.«
Nach einer Weile erhob Franz sich langsam von der Bank. Er stellte sich vor Elisabeth und streckte ihr seine Arme entgegen.
»Darf ich heute dein Gärtner sein?«

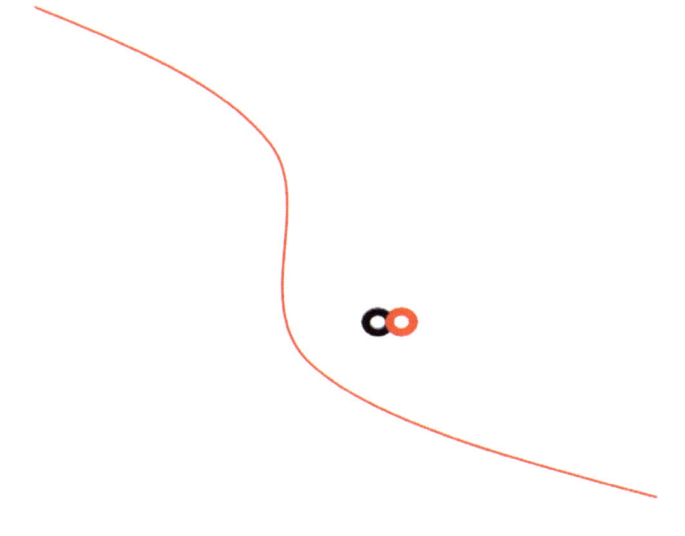

Alter(s)zeit

Uhrenticken.
Jahre – wippen im Geäst
umher, im Dach tropfende
Löcher.

Glockenschlag.
Tage – träumen Gedanken
still, im Körper zerissene
Schnüre.

Pendelschwingen.
Stunden – schlagen die Zeit
wach, im Fenster gefrorene
Sterne.

Stehenbleiben.
Minuten – öffnen das Tor zur
Vergangenheit, im Kopf geflickte
Teppiche.

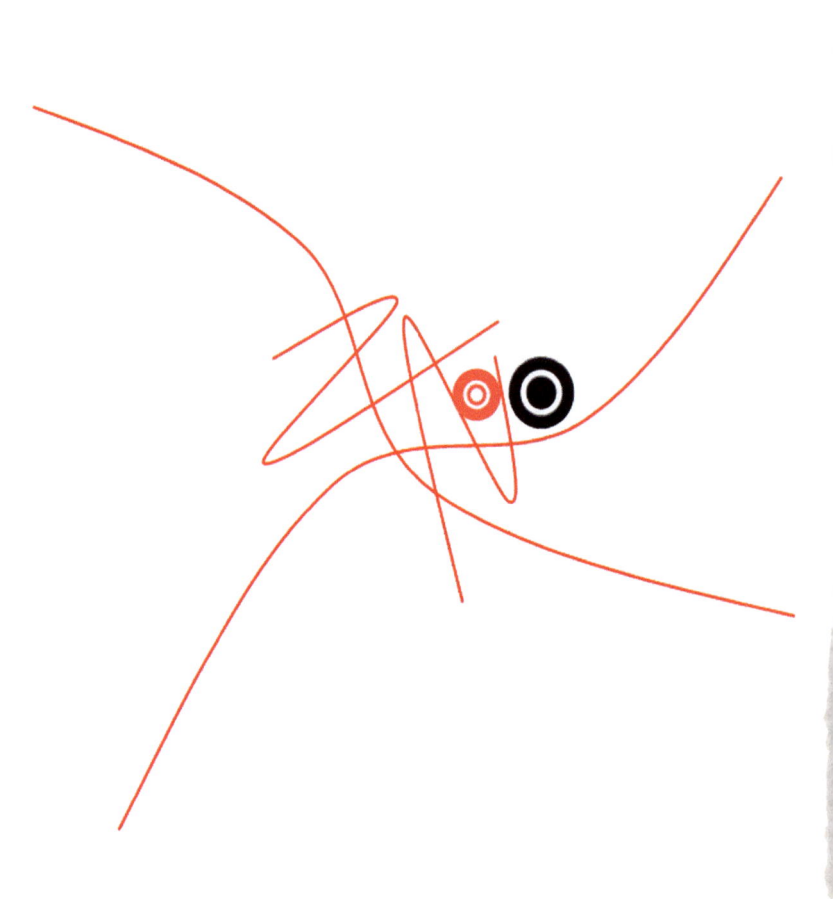

ALLTAGSFREQUENZ

In schwarzgrauer Finsternis bewege ich mich schlurfend vorwärts. Eine kalte Wand versucht, meine Finger abzustoßen.
Ich greife nach dem schmalen Türrahmen, der mir bekannt vorkommt, und versuche mich aufrecht zu halten.
Dunkelheit. Sie verwirrt mich.
Wo stand die Bodenvase? Rechts oder links neben dem Küchentisch? Ich erinnere mich nicht.
In meinem Kopf summt etwas. Vielleicht ist jemand da? Ich rufe »Hallo«. Doch ich höre mich nicht, spüre nur meine trockene Zunge und bin nicht einmal sicher, ob ich Hallo gerufen habe.
Endlich. Mich an der Tischkante festhaltend, ertaste ich den Stuhl daneben, schiebe ihn beiseite und lasse mich umständlich darauf nieder. Ich fühle mich heute besonders wacklig.

Meine Hände zittern. Obwohl ich das Knacken meiner Gelenke schon lange nicht mehr vernehmen kann, spüre ich doch deren Missfallen beim Hinsetzen. Alt werden kann eine Last sein, denke ich und streiche mit den Handflächen suchend über den Tisch. Schemenhaft erkenne ich hellere Umrisse. Kein Rascheln, kein Rauschen, nur Fühlen.

Ich komme mir vor wie ein von innen nach außen verfaulender Apfel. Ich kann nicht sehen, habe aber offene Augen. Ich kann nicht hören, aber meine Ohren sitzen an dem für sie vorgesehenen Platz.

Mühsam versuche ich, das Ertastete zu unterscheiden. Halte ich das rechte oder das linke Hörgerät zwischen meinen krummen Fingern? Selbst dicht vor meine Augen gehalten, kann ich die Markierung am Gerät nicht erkennen. Ich muss probieren, wo es hingehört.

Meine Motorik will nicht, dass ich mir die Hörhilfe in das rechte Ohr schiebe. Ob mein

Wille gewinnt, oder die Gicht die Herrschaft über meine Hände behält?

Das Ohrstück rutscht immer wieder heraus. Ich bekomme das Gerät nicht hinter das Ohr und... Das Fallgeräusch hört nur mein Sein.

Ich werde zappelig und unwirsch. Nervös spiele ich mit meinem Zahnersatz im Mund herum.

Was nun? Wenn ich aufstehe, trete ich vielleicht darauf? Dann ist es kaputt.

Ich schnalze mit der Zunge, grummele und bin wütend über mein Ungeschick. Wütend und traurig über mein Dasein im tonlosen Halbdunkel.

Ich habe feuchte Augen.

Wie spät mag es sein? Wenn ich mich nicht irre, müsste bald die Pflegerin kommen. Oder war sie heute schon hier?

Ist es Tag oder Nacht? Was soll ich so lange tun?

Alles ist grau. Ich muss mich irgendwie selbst beruhigen.

Warte, sagt von irgendwoher eine Stimme.
Gut, antworte ich.
Ich bleibe sitzen und rühre mich nicht von der Stelle.
Nach einer nicht messbaren Weile schiebt sich spontan meine schwitzige linke Handfläche über die Tischplatte. Da. Ich greife zu. Gut, dass mir das gerade eingefallen ist, denke ich und gebe mir die größte Mühe, dass das zweite Hörgerät im Ohr und nicht wieder auf dem Fußboden landet. Geschafft. Ich betaste mein linkes Ohr, nehme ein schwaches Piepen wahr. Meine Mundwinkel gehen leicht nach oben. Mein Körper sitzt immer noch still und wartet.
Ich versuche erneut, mich zu konzentrieren. Das Kreisen des Blutes in meinem Kopf hört sich mit dem Gerät an wie ein rauschender Fluss.
Es ist noch gar nicht so lange her, da bin ich mit Alfred in einem Schlauchboot die Moldau runtergefahren. Was für ein Abenteuer!

Jung, wild und so verliebt. Nichts und niemand hat uns aufhalten können. Zu zweit fühlten wir uns jeder Situation gewachsen. Zusammen. Wir...

Eine warme Hand auf meiner Schulter lässt mich vibrieren. Jemand schüttelt mich sanft, streicht mir die Haare aus dem Gesicht. Meine Zunge ruckelt aus ihrer Höhle. Lallt. Etwas Feuchtes drückt sich in mein rechtes Ohr. Endlich. Dumpf, von ganz weit her bahnen sich Wortfetzen den Weg in mein Hörzentrum. E...en, ...fsteh... Scha…, du mu... arbei...

Ich glaube zu lächeln, wackele zustimmend mit dem Kopf. »Essen, ja bitte«, bringe ich kläglich flüsternd mit geschlossenen Augen hervor.

»Schatz. Du musst aufstehen. Es ist schon nach neun Uhr.«

Abrupt reiße ich die Lider hoch, starre in Antons Gesicht.

»Oh, ich... ich hatte einen merkwürdigen

Traum.« Benommen schaue ich in ein lustig zwinkerndes Augenpaar.
»Komm. Erzähl mir deinen Traum beim Frühstück. Der Tisch ist schon gedeckt, und ich habe deine Hausbesuchstasche gepackt. Du hast noch etwas Zeit.«
Frau Speidel, schießt es mir durch den Kopf.
»Danke, aber ich möchte lieber erst zu Frau Speidel. Sie kann weder sehen noch hören. Ich habe so ein komisches Gefühl.«
»Gut. Ich packe dir ein Brot für unterwegs ein und wir reden heute Abend, ja?«
Dankbar ziehe ich mich eilig an. Ich schnappe meine Tasche, gebe meinem Mann einen langen zärtlichen Abschiedskuss und fahre mit gemischten Gedanken in den erwachten Tag.

NACHTGEFLÜSTER

Die Nacht streicht lautlos die Wände,
Laternen baden wabernd im Fluss.
Im Stadtpark musizieren kahlköpfige Pappeln.
Eiskristalle schweben; wirbeln an
Monden im Schaufenster vorbei und ich?
Ich gehe...

(langsamen Schrittes)

... im nächtlichen Flüstern der Stadt.

Kunst lauscht Sprache

Wo, sagte Mutter, befand sich die Wohngruppe drei? Hatte sie nicht gemeint, man müsse an einem Salon vorbei und dann den Gang nach rechts laufen? Wie hieß nur der Salon?

Radomir schaute ratlos auf die Türschilder. Niemand befand sich auf dem langen Flur mit den hellblauen Wänden. Es gab breite beigefarbenen Türen rechts und links, alle mit einem Schildchen an der linken Seite versehen. Doch keine der Türen stand offen. Es gab niemanden, den er nach dem Zimmer seiner Mutter hätte fragen können.

Suchend schritt er jede einzelne Tür ab, las aufmerksam die Beschriftungen. Meist standen Namen drauf. Manchmal gab es eine Zeichnung darunter. Küchenduft lag vermischt mit dem Geruch von Reinigungsmitteln in der Luft.

Radomir hob den Kopf und öffnete den langen dunklen Mantel. Seine Mutter wartete sicher schon ungeduldig. Er nahm den nächsten Gang links. Seine Schuhe quietschten leise auf dem Linoleum, als er abbog.

Jetzt vernahm er zartes Stimmengewirr. Hinter der nächsten Tür wurde gesprochen. Sie schien nicht verschlossen, sondern nur angelehnt. Eine Frau sprach. Rezitierte sie? Der große Mann beugte sich leicht nach vorn, verharrte lauschend. Ihm kroch ein warmer Schauer über den Rücken. Weich und rhythmisch schwebten Sprachklänge an sein Ohr. Wer sie wohl war? Sollte er hinein gehen und nach dem Weg fragen?

Durch den Türspalt versuchte er, einen Blick auf die Frau zu erhaschen, die ihn mit ihrer Sprache in seinen Bann gezogen hatte. Er wollte gerade die Klinke in die Hand nehmen, an der Tür ziehen, um die ihm unsichtbare Stimme in Augenschein zu nehmen, als ihn abrupt jemand von hinten anstieß.

»Was machen sie hier? «

Zusammen zuckend drehte sich Radomir um. Seinen Hut verlegen in den Händen drehend, stotterte er fast bei der Erklärung, Wohngruppe drei nicht gefunden zu haben. Er kam sich ertappt vor. Der Rollstuhlfahrer, der ihn angeschubst hatte, lächelte.

»Na dann kommen sie, ich zeige ihnen den Weg.«

Enttäuscht die Tür verlassen zu müssen, folgte Radomir zögernd. Im Gehen erklärte der rollende Mann, dass im kleinen Salon einmal im Monat donnerstags gelesen wurde. Frau Levkowski, eine Schriftstellerin käme regelmäßig. Er selbst besuche die Lesungen gern, nur heute hätte er einen wichtigen Termin gehabt.

»So, da wären wir. Wohngruppe Drei.«

Radomir bedankte sich.

»Wenn sie mal wieder jemanden suchen, fragen Sie nach Jonny. Ciao der Herr.«

Und weg war er um die nächste Ecke. Bevor

der Mann an die Zimmertür seiner Mutter klopfte, schrieb er zügig in sein Notizbuch: Jonny, Levkowski, donnerstags, Sprache.

Am späten Abend, zurück im Atelier, kramte Radomir das Notizbuch auch seiner Manteltasche. Augenblicklich überkam ihn wieder diese Wärme und er spürte, dass etwas Besonderes ihn ergriffen hatte. Er suchte auf dem Werktisch nach einem Stück Kohle. Im Stehen skizierten seine Hände Striche, Kreise, Linien.

Nach einer Weile betrachtete der Mann die Zeichnung.

Buchstaben, aneinandergefügt, verwoben wie in einer Figur.

Er nahm ein neues Zeichenpapier.

Skizierte aus einem O einen Kopf.

Ein gespiegeltes Y wurde zum Körper. Jetzt stachelte ihn die Leidenschaft. Er ging zur Musikanlage, drückte auf Play und der Raum füllte sich mit sphärischen Klängen.

Ein B. Ein wunderschön geschwungenes B wand sich quer unter dem O entlang. Die Kohle bröselte. Wollte sie schneller zeichnen, als die Hand, die sie führte?

Der Künstler vervollkommnete, gab dem Busen, dem Oberkörper Schwung. Zwei zierliche P hängten sich sofort an das Y. Für einen Arm das L. Kleine k's für Knie und Beine.

Was für ein Körper, der da entstand. Filigrane Typografie in Gestalt einer Frauenskulptur. Radomir zeichnete. Wild. Verrückt. Er brachte zu Papier, was augenblicklich aus ihm heraus wollte. Das Bild einer poetischen Skulptur. Eine Skulptur, die dem Betrachter den Atem nahm. Diese Figur könnte mein bestes Werk werden, dachte er. Sie stellte seine lange gesuchte innere Verbindung zur Sprache, zur Poetik in der Kunst dar. Als er sich dessen bewusst wurde, lächelte er befreit. Noch in der Nacht begann er mit den Vorbereitungen zur Fertigung.

Vier Wochen später:

Im kleinen Salon der Wohn- und Begegnungsstätte legte Anina wie jeden ersten Donnerstagnachmittag im Monat ihren Text, einen Stift und ihre Armbanduhr auf den nackten runden Holztisch. Drei Halbkreise mit je fünf Stühlen warteten vor ihr darauf, besetzt zu werden. Sie ging noch einmal aus dem Raum, holte sich ein Glas Leitungswasser aus der anliegenden Teeküche und schaute den Flur entlang. Bestimmt kommen Heidi und Inge aus Wohngruppe Fünf. Meine treuesten Zuhörer, dachte Anina, freute sich und trank einen Schluck. Langsam ging sie zurück in den Salon, stellte sich an eines der Fenster, öffnete es und atmete tief ein und aus.

Zwei Frauen betraten den Raum. Sie begrüßten die Autorin mit einem herzlichen Hallo und setzten sich leicht schwerfällig in die zweite Reihe. Kurz darauf erschien eine dritte Frau. Sie war jünger als die beiden an-

deren Damen und recht hübsch, wie Anna fand. Lächelnd, mit einem Nicken nahm sie in der ersten Reihe links aussen Platz. Jonny rollte herein, grüßte fröhlich und fünf weitere Zuhörer suchten sich einen Stuhl. Es war 16.00 Uhr.
»Ich freue mich, dass sie gekommen sind. Mein Name ist Anina Levkowski. Ich möchte ihnen heute eine Geschichte über eine Skulptur erzählen. Über eine Skulptur und deren Liebhaber.«
Lächelnd nahm sie die Blätter vom Tisch auf und begann zu lesen.
Ihr Publikum lauschte. Ab und an vernahm Anina ein leises lachendes Räuspern. Als sie endete, und sich für die Aufmerksamkeit bedankte, rief Jonny ihr zu:
»Hallo Frau Levkowski. Ihre Lesung war großartig. Ich freue mich schon auf die Nächste.«
Er stoppte den Rollstuhl mit einer schwungvollen Drehung genau vor dem kleinen

Tisch und überreichte Anina grinsend einen Brief. Mit einem gesungenen »ciao« machte er kehrt und verschwand mit quietschenden Reifen aus dem Raum.

Anina schaute den Brief an. Sie wartete, bis alle Zuhörer den Salon verlassen hatten, nahm den Umschlag und besah ihn sich genauer. Ein silbergraues Papier schmeichelte ihren Fingern. In geschwungener Handschrift mit blauer Tinte las sie ihren Namen. Gab es auch einen Absender? Auf der Rückseite stand ein kaligrafisch gestaltetes großes R.

Vorsichtig, die Seiten staunend entfaltend, fiel als erstes eine Einladung heraus. Eine *Vernissage am 03.11.2016 um 18.00 Uhr in der Schlossstraße in Charlottenburg* wurde darin angekündigt. Doch den Künstler kannte Anina nicht.

Sie öffnete den gefalteten Briefbogen:

Werte Frau Anina Levkowski,

ich möchte Sie herzlich zu meiner Ausstellung einladen. Da wir uns nicht kennen, vielmehr Sie fragen werden, warum ich mich über Ihren Besuch freuen würde, möchte ich mich Ihnen gern erklären:
Vor vier Wochen, an einem Donnerstagnachmittag, habe ich sie vortragen gehört. Ich war auf dem Weg zu meiner Mutter, fand diesen nicht und hörte ihre Stimme, ihre Worte. Ich gebe gerne zu, dass ich hinter der Tür nicht nur gelauscht, sondern mich dabei sehr wohl gefühlt habe.
Sie, Anina, haben mich zu einem Werk inspiriert. Ihre Stimme veranlasste meine Gedanken, zu entwerfen.
Ein Bildhauer lebt von Eindrücken, von Sinneswahrnehmungen. Eine Autorin mit ihren Fähigkeiten, Zuhörer zu begeistern, bestimmt ebenfalls.
Sie haben mich so stark inspiriert, dass ich versuchen musste, aus Ihren Worten, Ihrer Sprache eine Skulptur zu erschaffen.

Diese Skulptur besteht aus zusammengesetzten Buchstaben. Sie stellt einen Frauenkörper in schwingender Bewegung dar. In der linken Hand hält diese Frau ein aufgeschlagenes Buch. Ihr rechter Arm schwebt über den Seiten. Ihre feinen Finger winken förmlich den Buchstaben, auf dass sie sich von den Zeilen lösen, mit ihr tanzen. In der Typografie gibt es wundervolle Zeichen. Ich musste diese Figur formen, die Buchstaben nicht einfach aneinanderfügen, sondern diese verweben, plastisch, ganz wie Sie selbst es, mit ihren Worten getan haben.

Ich hoffe, ich wecke ihr Interesse. Wir haben uns noch nicht persönlich gesprochen, was ich gern ändern möchte. Ich freue mich, wenn Sie sich die Ausstellung anschauen, an diesem Abend mein Gast sein können. Und, ich hoffe, es klingt nicht zu vermessen, bringen Sie einen Text mit. Es wäre mir eine Freude, Sie als Autorin vorzustellen und lesen zu hören.

In herzlichem Anliegen
Radomir

Anina legte den Brief auf den Tisch.
Lächelnd stellte sie sich an das Fenster,
sah hinaus, auf den bewegten Blätterwirbel
im angrenzenden Park. Jetzt war jetzt.
Lächelnd packte sie ihre Sachen zusammen,
ging hinaus in den herbstlichen Abend.

Lyrische Mathematik

Der Faktor Erlebnis
mit dem Faktor Traum
multipliziert sich zur
realen Erkenntnis.

Die Schnittmenge dessen,
sind Intuition und Fantasie.

Wohingegen
die Summe der Gefühle,
das Ergebnis aus Freud´ und Leid
sein kann.

WIR

sind ein liebes Paar.
Bedeutend;
auf die uns eigene Art.

Jetzt,

oder Nie, haben wir
gesagt an jenem Tag.
Im Warten sind wir Meister.

Gestern,

heute oder morgen schreiben
wir uns Neu:

LIEBESPAAR.

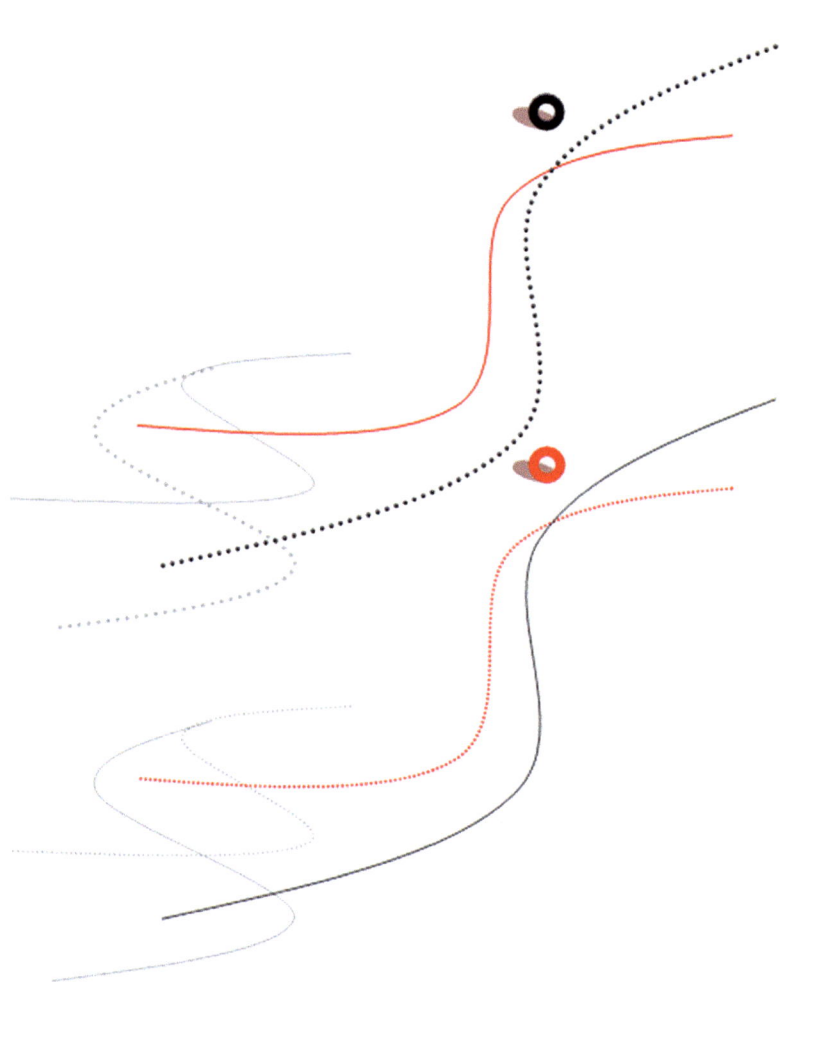

Käsekrümel aus Italien

Sie mussten sich verabschieden von zwei Wochen Ferien am Luganer See.
Keine Verpflichtungen. Keine Vorgaben. Keine Sorgen. Nur lieben, essen, schwimmen.
Jeder Tag der vergangenen zwei Wochen hatte aus purer Lust, aus unbeschwertem Sein bestanden.
Sie waren nicht jung, nicht alt. Wenn beide Hand in Hand zum Einkauf gingen, sahen sie aus, wie ein seit Jahren verheiratetes Paar. Wenn sie sich jedoch neckend im Wasser tummelten, strahlte hitzige Erregung aus ihren Gesichtern. Waren sie frisch verliebt? Ihre Körper zogen sich beständig an. Gerade so wie duftende Blumen Schmetterlinge.
In der Nacht waren sie mit dem Auto aus Italien gekommen. Trotz langer Fahrt hatten sie kurz, aber erholsam in der Wohnung von Fabelo übernachtet. Jetzt, am späten Nach-

mittag, ließen sie in einem kleinen Restaurant an der Havel den letzten Urlaubstag im Sonnenuntergang ausklingen. Der Faden der Realität begann sie bereits zu umgarnen.

Fabelo nahm über den Tisch hinweg Annas Hand. Sie war warm. Warm trafen letzte Septemberstrahlen ihre Körper. In Annas Blick lag selige Verklärtheit. Sie schaute auf die schnatternden Enten zu ihren Füßen, genoss den Augenblick.

Annas Hand streichelnd, lächelte Fabelo. Sie fragte leise: »Was denkst du gerade?«

»Ich denke, wir holen jetzt deine Sachen aus deiner Wohnung, und du ziehst zu mir.«

Anna entzog ihm sacht ihre Hand. Tränen stiegen in ihr hoch, suchten den Weg ins Freie. Sie wandte rasch den Blick ab und kramte in ihrer Handtasche.

Eine bunte Verpackung öffnend, fing sie wortlos an, Reste des italienischen Käsegebäcks an die Enten zu verfüttern.

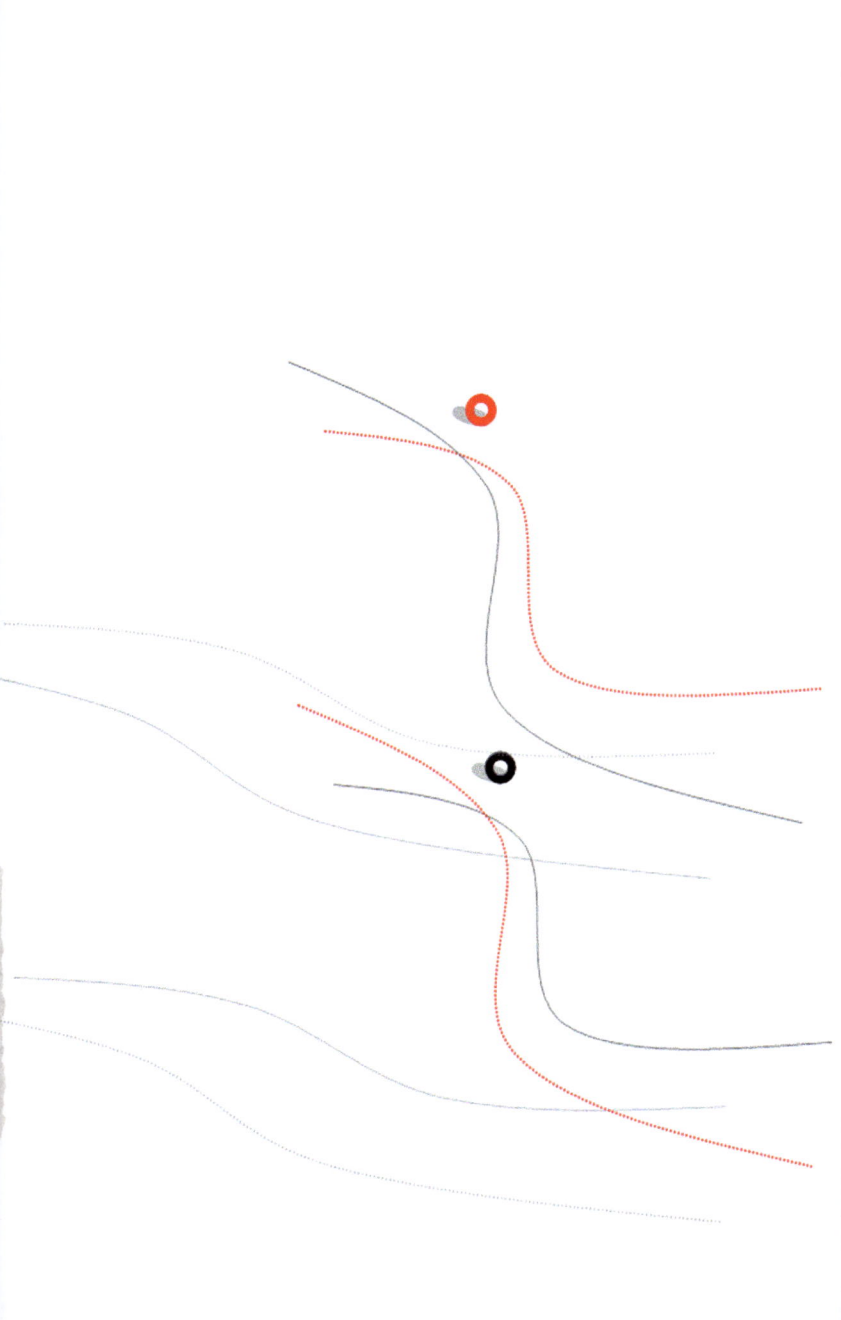

Vermissen

Ich wünschte, du wärst hier,
bei mir.
Jetzt möchte ich küssen,
dich nicht vermissen.
Jetzt möchte ich singen,
dich zum Lachen bringen.
Jetzt möchte ich Leidenschaft schenken,
dich mit Liebe bedenken.
Ich wünschte:
DU wärst hier.
Bei mir.

Jetzt.

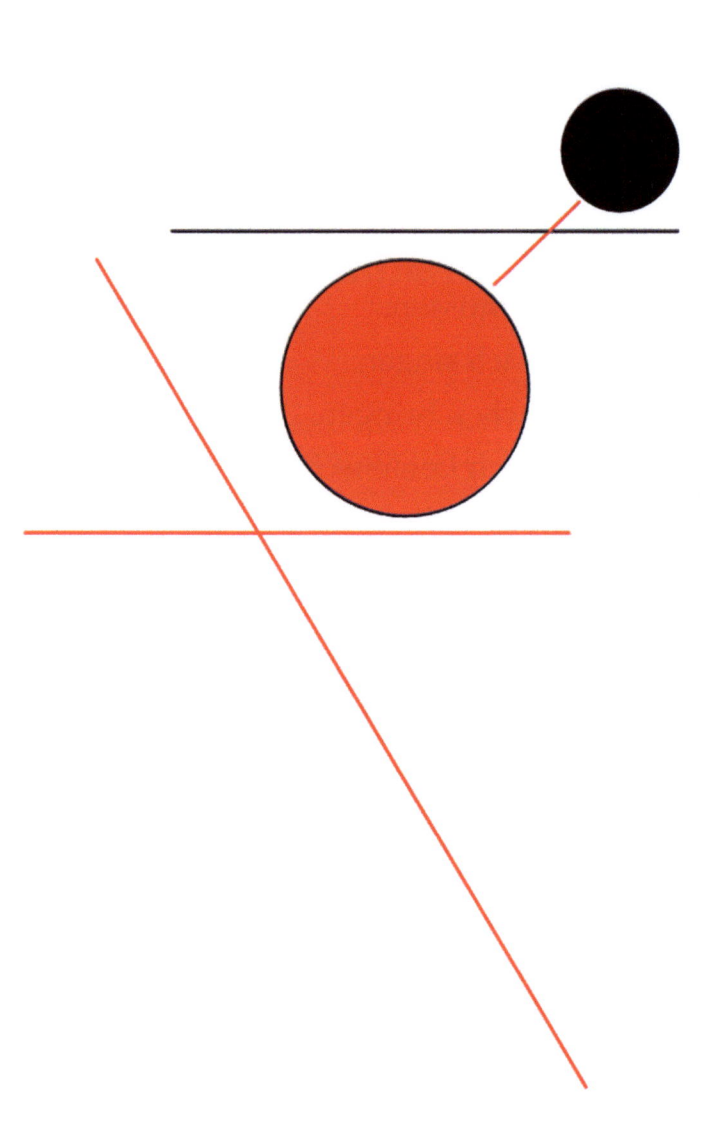

Leben und Tod

Rauchfäden ziehen ihre Bahnen aus der spärlich beleuchteten Küche in den Flur. Kurt Winter sitzt mit einer Zigarette am Küchentisch, schaut aus dem Fenster. Schneeflocken treiben in der Dunkelheit. Ungleichmäßig wirbeln sie im Licht einer Straßenlaterne gegen die Scheibe.
Die Stille unterbricht Glockenschlag. Kurt Winter zählt in Gedanken mit. Elf.
»Ich muss nach Charly sehen.«, sagt er leise, schiebt sich mühsam vom Stuhl hoch, drückt die Zigarette im Aschenbecher aus und geht schlurfend in Richtung Nebenzimmer. Vor der Tür bleibt er stehen, um zu lauschen. Ein zähes Schnaufen dringt an seine Ohren. Zaghaft bewegt er die Klinke herunter, schaut in das Zimmer.
Charly liegt eingekrümmt auf dem Bett unter einer riesigen Wolldecke. Vom Körper

sieht man nichts. Nur unmerklich hebt und senkt sich der Deckenberg im faden Licht von draußen. Kurt schließt leise die Tür. Er schleppt sich zurück auf seinen Stuhl in die Küche, zündet sich eine weitere Zigarette an, raucht gedankenverloren.

Sein Blick hängt am Fenster. Der Flockenwirbel passt zu meinem Zustand, geht ihm durch den Kopf. Ich weiß nicht, wie ich ohne Charly leben soll.

Kurt fährt sich mit der linken Hand über sein rundes Gesicht. Tränen stehen ihm in den Augen. Sein eigener Seufzer lässt ihn zusammenfahren. »Erbärmlich, wie du dich aufführst«, sagt er in die Stille. »Du musst ein Ende setzen. Jetzt.«

Der alte Mann steht auf, falzt den Tabakstummel energisch in den Aschenbecher. Er geht zum Küchenschrank, holt aus dem oberen Fach einen Karton herunter und stellt ihn auf den Tisch. Er findet, was er sucht.

Ein bisschen erregt über seine Entschlusskraft, drückt er eine Handvoll Tabletten klein, schüttet sie in ein hohes Trinkglas und gibt Wasser aus der Leitung darauf. Die Mischung schäumt beim Umrühren und sieht trüb aus.

Kurt stellt das Glas auf den Küchentisch, schaut es sich achtungsvoll an.

Plötzlich schellt es. Ein Ruck durchfährt seinen Körper: Wer klingelt denn um diese Uhrzeit?

Während der alte Mann unentschlossen starr steht, läutet es erneut. Gleich vier Mal hintereinander. Ich werde nicht aufmachen, denkt er. Dennoch schleicht er in den Flur, um an der Wohnungstür zu lauschen. Jetzt klopft, klingelt es fast gleichzeitig. »Herrgott noch mal.« Unwirsch dreht Kurt an der Verriegelung.

Draußen steht ein kleines Mädchen mit blonden Zöpfen und wässrigen Kulleraugen.

»Entschuldigung, ich bin ganz allein, meine Eltern sind nicht da...«, ein Schluchzen.

«Meine Katze, sie ist krank, ich glaube, sie stirbt...«.

Aus dem blassen Gesichtchen sprudeln Tränen und Wortfetzen gleichzeitig.

»Wo wohnst du denn?«, fragt Kurt Winter etwas ungehalten.

»Da oben...«, zeigt das Kind.

»In der Dachwohnung. Wir sind erst eingezogen.«

»Aha«, murmelt Kurt. Sekundenlang schauen sich der alte Mann und das Mädchen in die Augen.

Sein Vorhaben innerlich beiseite schiebend, nimmt er den Wohnungsschlüssel aus der Tür, die weinende Kleine an seine Hand.

Zusammen steigen sie langsam die Treppe nach oben.

Sie gehen ohne ein Wort in die Wohnung, in das Zimmer des Mädchens. Dort liegt eine miauende Katze in einem geflochtenen Korb.

»Da, siehst du?«

»Mh ...« Kurt nickt, hält dem Tier seine Hand hin. Es reagiert mit einem lauten Maunzen. Als er sacht ihren Bauch berührt, hebt sie den buschigen Schwanz. Ein kleines Knäuel wird sichtbar. Der alte Mann lächelte das Mädchen an.

»Schau«, zeigt er, »deine Katze bekommt Junge.«

»Junge?«

»Babys«, gibt er lächelnd zurück.

»Wirklich? Oh... », staunt die Kleine.

Herr Winter streichelt dem Tier das Fell, fragt, wie es heißt, fragt nach dem Namen des Mädchens.

»Ich heiße Marie, das ist Claire.«

»Mhh, ich bin Kurt.«

In dem Moment fiept es leise aus dem Katzenkorb.

»Marie, wir müssen die Katzenkinder trocken rubbeln, schauen, ob sie gesund aussehen.«

»Ja, ich hole ein Handtuch«.

Kurt nimmt das kleine Katzenbaby vorsichtig aus dem Korb, legt es in das Tuch. Marie trocknet es sacht ab. Claire miaut laut, ihr Körper zuckt.

Das blonde Mädchen und der Mann sitzen still vor der Katzenmutter auf dem Boden, schauen zu, wie das zweite Baby langsam in die Welt rutscht.

Als es maunzt, nimmt Kurt es in seine Hände, schaut es von allen Seiten an. »Es sieht gesund aus«, sagt er. Vorsichtig legt er es zum ersten in das Frotteetuch. Selbstvergessen bestaunen beide die knuddeligen Babys. Wie merkwürdig, durchdringt es den alten Mann; ich sitze hier in der Nacht mit einem kleinen Mädchen zwischen Katzenkindern in einer fremden Wohnung. Ein warmes Gefühl aus längst vergessenen Tagen durchzieht seinen Körper.

Stimmen werden hörbar. Die Eltern kommen.

Aufgeregt erzählt Marie ihre Geschichte,

stellt Kurt Mama und Papa vor. Sie zeigt freudig auf Claire, auf den Nachwuchs. Ein kurzer Austausch der Erwachsenen lässt die erste Unsicherheit dem fremden Gast gegenüber rasch schwinden.

Sie bedanken sich herzlich bei ihm. Das kleine Mädchen fällt dem alten Mann zum Abschied um den Hals. Er muss versprechen, sie morgen zu besuchen.

Erschöpft steigt Kurt Winter die Treppe hinab, schließt seine Wohnungstür auf, betritt die Küche. Er empfindet urplötzlich Durst. Gedankenverloren all der Aufregung greift er zu dem gefüllten Wasserglas auf dem Tisch.

Er trinkt es leer; stellt es ab und geht ins Nebenzimmer. Müde legt er sich zu Charly auf das Bett. Im Halbschlaf vernimmt er die Kirchturmuhr. Sie schlägt ein Mal.

Mit einem zufriedenen Lächeln fällt der alte Mann in den Schlaf.

LEER

Ein Blatt Papier, weiß, unbeschrieben.
Ich nehme es in die Hand,
halte es gegen das Licht.
Struktur ist erkennbar.
Ich male einen Punkt,
einen Strich;
kann doch kein Wort schreiben.
Lege dich zurück.

Stille.

Morgen wird alles anders

Sie läuft durch die noch leeren Straßen seiner Stadt.
Regen befeuchtet ihr Gesicht, lässt ihr Haar an der Stirn kleben. Er erfrischt sie, lässt sie schneller gehen. Sie steht vor seiner Wohnungstür.
Klingelt nicht. Hofft, dass sich die Tür von allein öffnet. Nichts passiert. Alles im Haus liegt still.
Eine Pfütze entsteht zu ihren Füßen.
Sie streicht sich die Haare aus dem Gesicht, schaut zur Tür.
Dann dreht sie sich abrupt um, geht.
Draußen, auf der Straße, fühlt sie Erleichterung. Noch immer regnet es in Strömen. Laut Wetterbericht vom Frühstücksradio soll morgen in ganz Deutschland die Sonne scheinen. Morgen, denkt sie. Und läuft, ohne sich noch einmal umzudrehen, zum Bahnhof.

Er kommt spät. Später als die Tage zuvor, nach Hause. Vor seiner Wohnungstür ein feuchter Fleck.
Ist jemand hier gewesen?
Sie etwa?
Nach diesem Abend?
Ein gefaltetes Papier liegt neben dem Fußabtreter.
Ein Brief? Von ihr?
Er nimmt das Blatt, setzt sich auf eine Treppenstufe und entfaltet es. Erleichtert erkennt er ihre geschwungene, leicht ansteigende Handschrift.
»Meine kleine Schreiberin«, flüsterte er und beginnt zu lesen:

Im Stehengelassenen Weinglas schwelgt atmend eine Lache Rotwein. Der Tisch, der das Glas trägt, steht fest. Füße aus schwerer Eiche erscheinen wie angewachsen. Beleuchtet von einer kaum bewegten Flamme in flüssigem klarem Wachs; umschlossen von

Kristall, träumt am Boden eine getrocknete Rose in einer schlanken Glas Vase vor sich hin. Die Stille richtet ihren Blick auf eine liegen gebliebene Postkarte im Raum. Im Abbild: vor tosendem Meer ein nacktes, sich im Sturm auf Klippen haltendes Menschenpaar.

Er blickt auf, betrachtet nachdenklich den kaum noch sichtbaren Fleck vor seiner Tür.
Die Erinnerung an den gemeinsamen Urlaub am Atlantik. Er fühlt Wärme und Schmerz.
Das Papier in seinen Händen zittert.
An seinen Lippen nagend, liest er weiter:

Sich in die Luft reckend, als wolle sie scheinbar aus ihrem Lichthalter ausbrechen, lässt sich die Flamme von einem sanften Windhauch verführen. Spielend tanzt er durch das heiße Licht; bedeckt mit seinem Atem das Weinglas; küsst die Lache, gleitet sinnlich sich reibend an den Füßen des Tisches hin und her. In liebevollem Vergnügen spaziert er hinunter zur Stille am Boden. Weich sinkt der Luftzug auf die einst in sattem Rot erstrahlende Rose. Vibrierend ob seiner Berührung lässt sie mitten auf jene Postkarte, lautlos ihre Blütenblätter fallen. Der Windhauch spielt, wogt schäumendes Meer und das sich im Sturm haltende Paar her und hin, hin und her...

Damals.
Damals versprach er, sich zu ändern.
Einige Wochen hielt er durch.
Einige Wochen, in denen beide sehr glücklich zusammen lebten. Monate waren seitdem vergangen. Was hatte er in dieser Zeit getan?
Hatte er sie nicht vertröstet, von einem auf den anderen Tag? Und hatte er sich selbst nicht jeden Tag vertröstet?
Wut steigt plötzlich in ihm auf. Warum hat sie nicht auf mich gewartet? Warum nicht, wenn sie schon hier vor der Tür stand?

Rasch erhebt er sich von der Treppe, kramt ungehalten in der Hosentasche nach dem Wohnungsschlüssel. Er schleudert seine Tasche in die Ecke und liest im Stehen weiter:

Mit einem lauten Knall fällt plötzlich die Tür ins Schloss. Unwirsch derb dem Luftzug in den Rücken schubsend, fegt eine Böe über den Tisch. Die Stille erwacht. Ruckartig reißt sie die Augen auf. Feuchte sickert in hölzernes Furnier. Im Klirren des fallenden Weinglases rollt die Lache Rotwein; tropft hinab in den ihr eröffneten Raum, verläuft im Postkartenmeer.

Ja... genau.. was zum Trinken. Ganz genau. Mit dem Papier in der Hand wedelnd, läuft er in die Küche. Er knallt den Zettel mit der Faust auf den Tisch, schnappt sich eine angefangene Flasche Portwein, trinkt. Trinkt in tiefen Zügen.

Er trinkt. Trinkt, bis der Boden um ihn herum zu wanken beginnt, sein Körper schwer auf den Küchenstuhl fällt.
Er greift wieder nach dem Zettel, lallt die noch ungelesenen Zeilen hinaus:

> *Wie bestellt steht die Zeit auf dem Tisch. Die Füße in den Scherben schauend auf den mit Blütenblättern übersäten Boden, das durchtränkte Menschenpaar.*
>
> *Ob der gelöschten Flamme erstarrt das Wachs im vergehenden Jetzt. Zugefallen die Zimmertür.*

»Morgen...« flüstert er und sinkt in den Schlaf... »Morgen wird alles anders.«

SCHWINGUNG

Datum
Uhrzeit notierend.

Worte
Schreibstift rotierend.

Gefühle
Gedanken sortierend.

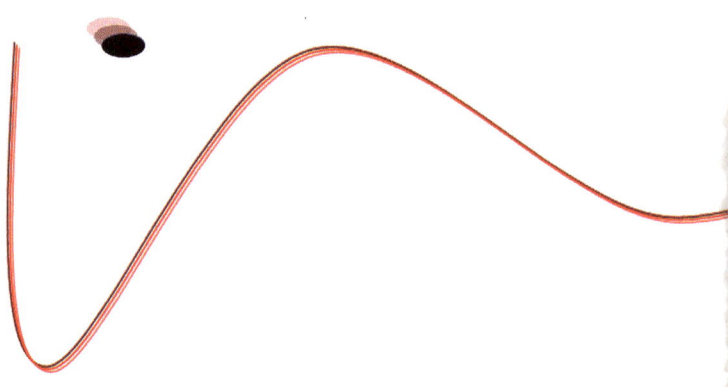

Unbeschwert

Du lachst.
Freust dich wie ein Kind,
schmierst uns Butterbrote,
presst Orangensaft.

Du zündest Kerzen an,
legst mir ein Handtuch hin;
sagst: Ich liebe dich.

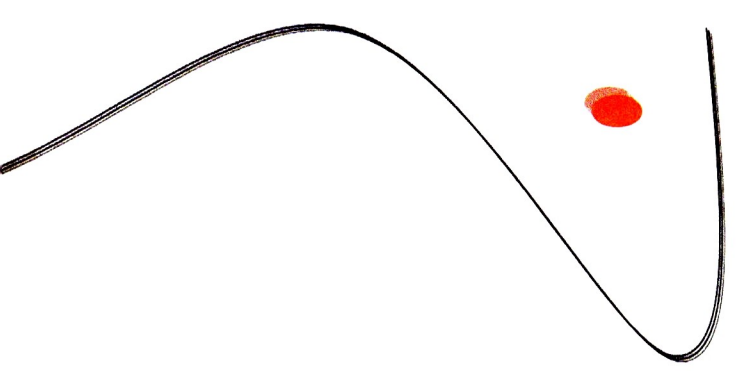

Schaum-Traum

Das Wasser duftet blumig und ein wenig nach Gewürzen. Leise knistern die Schaumbläschen.

Entspannt atme ich mit geschlossenen Augen in die wollige Wärme.

Meine Hände berühren sanft meine Haut.

Sie gleiten entlang der Innenseiten meiner Beine von den Füßen nach oben. Ich fühle meine glatten Schenkel, nehme eine Handvoll luftigen Schaum und verwöhne jeden Zentimeter meines Körpers.

Das Gefühl der Stille, des Genusses, der Weichheit lässt mich versinken in Lust. Ohne nachzudenken, lasse ich geschehen, wonach mir der Sinn steht.

Meine Haut, mein Bewusstsein verlieren sich in aufstrebender Forderung.

Sinn und Verstand vermischen sich mit der Temperatur des Wassers. Dampf und Hitze.

Leises Plätschern begleitet flüsterndes Stöhnen in gleichmäßigem Takt.

Hände umschließen mich. Finger suchen.
Sie beginnen ihr Spiel.
Weiches Versinken im Wechsel mit schnellem Auftauchen. Bunte Schaumblasen zaubern Bilder auf mir: dein Gesicht, deine Silhouette.
Ich lasse mich in deine Arme fallen.
Wir tauchen im Meer der Lust.
Atemlos treiben wir dahin.
In tiefem Frieden begleitest du mich zur Oberfläche.
Die Zeit steht still in der ihr eigenen Ekstase.
Meine körperliche Spannung lässt langsam nach. Gelöst geht mein Blick zum Fenster, sehe ich in den Himmel.
Blau, strahlend, wolkenlos.
Ich schmecke Salz in meinem Mundwinkel.
Verstohlen wasche ich mein Gesicht.
Der Badeschaum hat sich aufgelöst.
Ich steige aus der Wanne.
Die Realität trocknet mich ab.
Der Abfluss verschluckt gurgelnd meine Illusion.

Haus

Ich sitze in einem sehr schmalen Hinterhof, zwischen zwei niedrigen Fachwerkhäusern, auf einer graugestrichenen Gartenbank. Ein schönes Plätzchen zum Verweilen, fernab vom Straßenlärm.
Herbstsonne scheint auf meine Hände. Ich schreibe auf meinem Laptop, genieße dabei das leise Rascheln der Blätter, wenn sich eine kleine Windböe in den Hof verirrt.
Eine Elster erzählt tackernd auf der Dachrinne über mir. Ihre Federn schillern im warmen Licht des Nachmittags. Stolz stakst ihr Körper aufrecht über den First. Ich beneide sie. Um ihren Gang, um ihre Freiheit.
Ich lasse mich ablenken, fange ein, was um mich herum passiert. Sequenzen, Momente. Alles ist vergänglich. Das Jetzt schon vorbei. Wohin fliegt die Elster? Ich kann ihr nicht folgen, körperlich folgen. Meine Fantasie schon.

Der Fortflug der Elster lässt offen, wohin sie fliegt. Der offene Ausgang einer Geschichte lässt Gedanken zu. Beide hinterlassen eine Bewegung. Ein Schwingen dem ich folgen kann, wenn ich möchte, wenn ich zulasse. Fantasie braucht Bewegung. Eine Geschichte ebenso.

Mein Puls geht schneller. Vorsätze drücken in meinem Kopf. Ich sollte nicht soviel in die Gegend schauen.

Ich sollte schreiben, meinen Roman zu Ende bringen.

Die Elster kommt zurück. Sie balanciert am äußeren Rand des Daches genau über mir. Ich sehe ihren weißen Bauch und schiebe vorsichtshalber meinen Laptop beiseite. Vielleicht kleckst sie hinunter? Doch jäh dreht sich der Vogel mit einem leichten Sprung herum und beugt sich nun zu mir herunter. Rythmisch bewegt sie den Kopf hin und her, so als wollte sie mir etwas sagen. Ihr langer seidiger Schwanz wippt im gleichen Takt über dem Dach. Es ist, als tanze sie Rapp. Fehlt nur noch, dass die Elster im Wechsel ihre Krallen vom Boden hebt, denke ich und schmunzele ihr entgegen.

Ich komme nicht weiter. Mein Schreibfluss ist unter-brochen. Unterbrochen vom Schwung eines Vogels, der mich jetzt mitnimmt auf eine Reise.

Seine Reise, oder meine Reise?

Ich merke, wie der Druck von mir abfällt.

Im Moment ist nichts wichtig.

Die Elster keckert mir zu und verschwindet krackelend im Sturzflug aus meinem Sichtfeld.

Ich zünde mir eine Zigarette an, schaue zu, wie der Rauch in den Himmel steigt.

Es herrscht Eintracht. Hier. Jetzt.

Ohne Bewegung keine Schwingung.
Ohne Veränderung kein neues Entstehen.
Ohne Dich, gibt es mich nicht.

Heike Puls, 1969 geboren in Lutherstadt Wittenberg, lebt seit 2006 in Berlin.
Viele Jahre beruflicher Selbstständigkeit als Werbegestalterin prägen ihren Sinn für die Welt der Bild- und Textgestaltung.
Sie ist ausgebildete Seminarleiterin für Kreatives Schreiben, aktives Mitglied im Freien Deutschen Autorenverband Berlin.
Sie unterstützt verschiedene Schreibprojekte und ist Initiatorin von Leseveranstaltungen.
Letzte Veröffentlichung in der Anthologie „Pulsgeworden".